a b c ch d e

f g h i j k

l ll m n ñ

o p q r s t

u v w x y z

# ABEZOO

Primera edición: abril 2005
Sexta edición: febrero 2008

Dirección editorial: **María Castillo**
Coordinación editorial: **Teresa Tellechea**

© del texto: **Carlos Reviejo**, 2005
© de las ilustraciones: **Javier Aramburu**, 2005
© **Ediciones SM**, 2005

Impresores, 2 - Urbanización Prado del Espino
28660 Boadilla del Monte (Madrid)

CENTRO INTEGRAL DE ATENCIÓN AL CLIENTE
Tel.: 902 12 13 23
Fax: 902 24 12 22
e-mail: clientes@grupo-sm.com

ISBN: 978-84-348-3363-0
Depósito legal: M-9.772-2008
Impreso en España / Printed in Spain
Impresión Digital Da Vinci, SA - Pintores, 21 - 28923 Alcorcón (Madrid)

# Abecedario de animales

Texto de **Carlos Reviejo**

Ilustraciones de **Javier Aramburu**

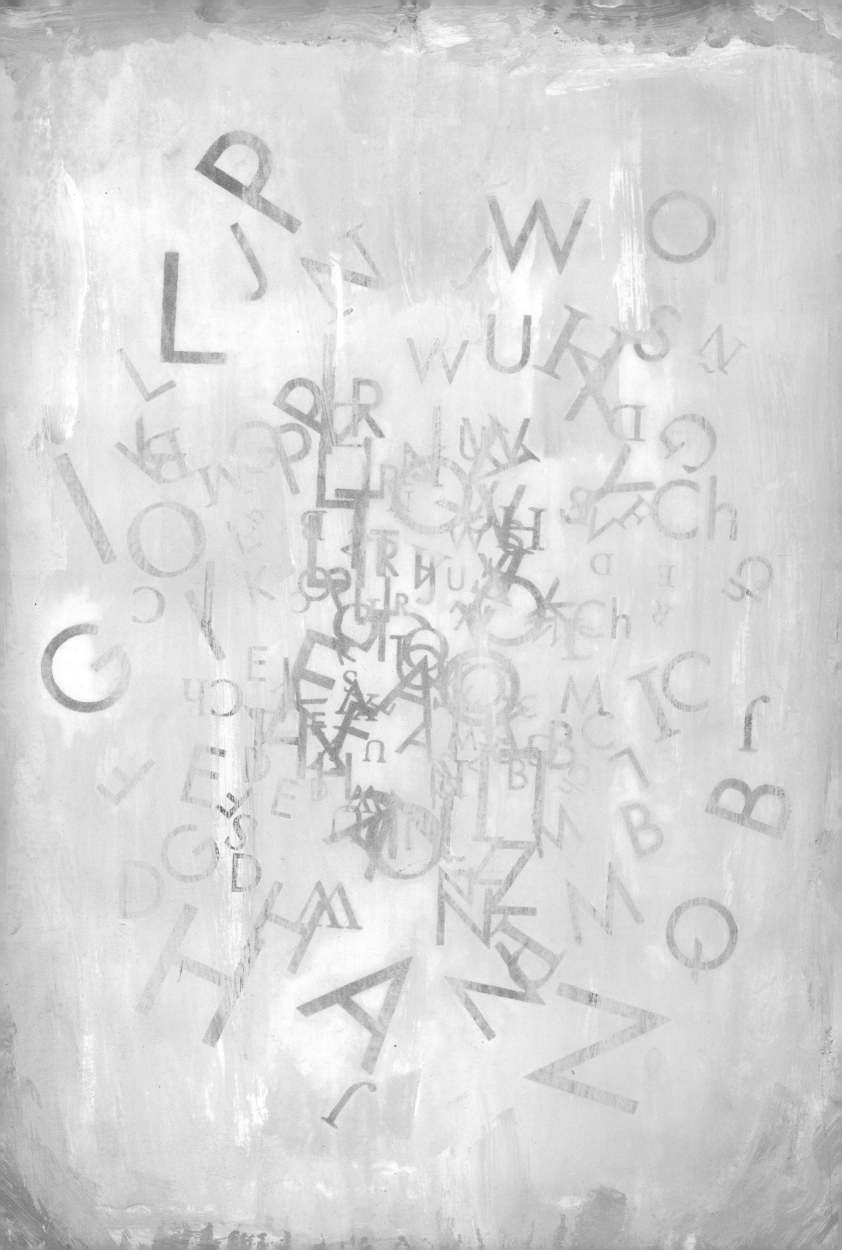

# COMIENZA EL ZOO

¡Atención, niños y niñas,
abuelitos y abuelitas,
este zoo abre sus puertas
y comienzan las visitas!

Os iremos enseñando
desde la A hasta la Z,
diversos animalitos
que empiezan por esas letras.

Veréis al zorro ladino,
al despistado lirón,
a doña Urraca ladrona,
y al pequeñajo ratón.

Uno a uno irán pasando,
sin cristales y sin rejas,
animales de la granja
y animales de la selva.

¡Atención, niños y niñas!
¡Atención, que ya comienza!

# La araña y el ciempiés

Ayer por la tarde,
el señor Ciempiés
encargó a la **araña**,
para fin de mes,
calcetines blancos
para sus cien pies.

Y ella teje y teje,
en un punto inglés,
uno del derecho
y dos del revés,
los cien calcetines
del señor Ciempiés.

Doña Ballena quiere volar

Surcando el mar,
triste y rellena,
sobre las olas,
va la **ballena**.
Quiere volar
¡vaya faena!
—No tengo alas
—dice con pena.
Y entre las olas,
triste y rellena,
se va alejando
doña **Ballena**.

El cerdito no quiere lavarse

El bebé **Cerdito**
se ha echado a llorar,
porque mamá **cerda**
le quiere lavar.
—Calla, lechoncito.
—¡No quiero callar!
—Si sólo los mocos

te voy a limpiar...
—Y si no regruño,
¿qué me vas a dar?
—Pues, si no regruñes,
te voy a comprar
un lindo babero
de blanco percal.

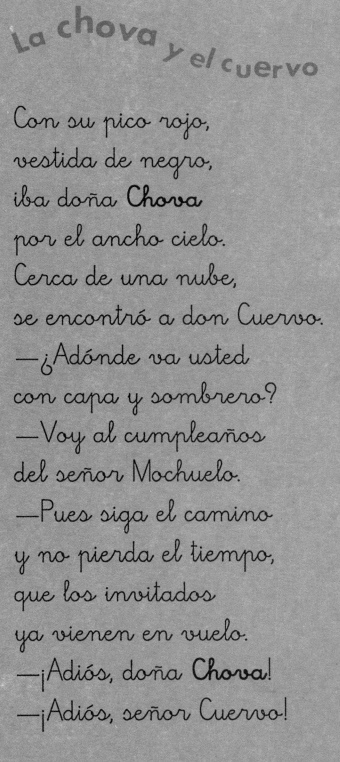

## La chova y el cuervo

Con su pico rojo,
vestida de negro,
iba doña **Chova**
por el ancho cielo.
Cerca de una nube,
se encontró a don Cuervo.
—¿Adónde va usted
con capa y sombrero?
—Voy al cumpleaños
del señor Mochuelo.
—Pues siga el camino
y no pierda el tiempo,
que los invitados
ya vienen en vuelo.
—¡Adiós, doña **Chova**!
—¡Adiós, señor Cuervo!

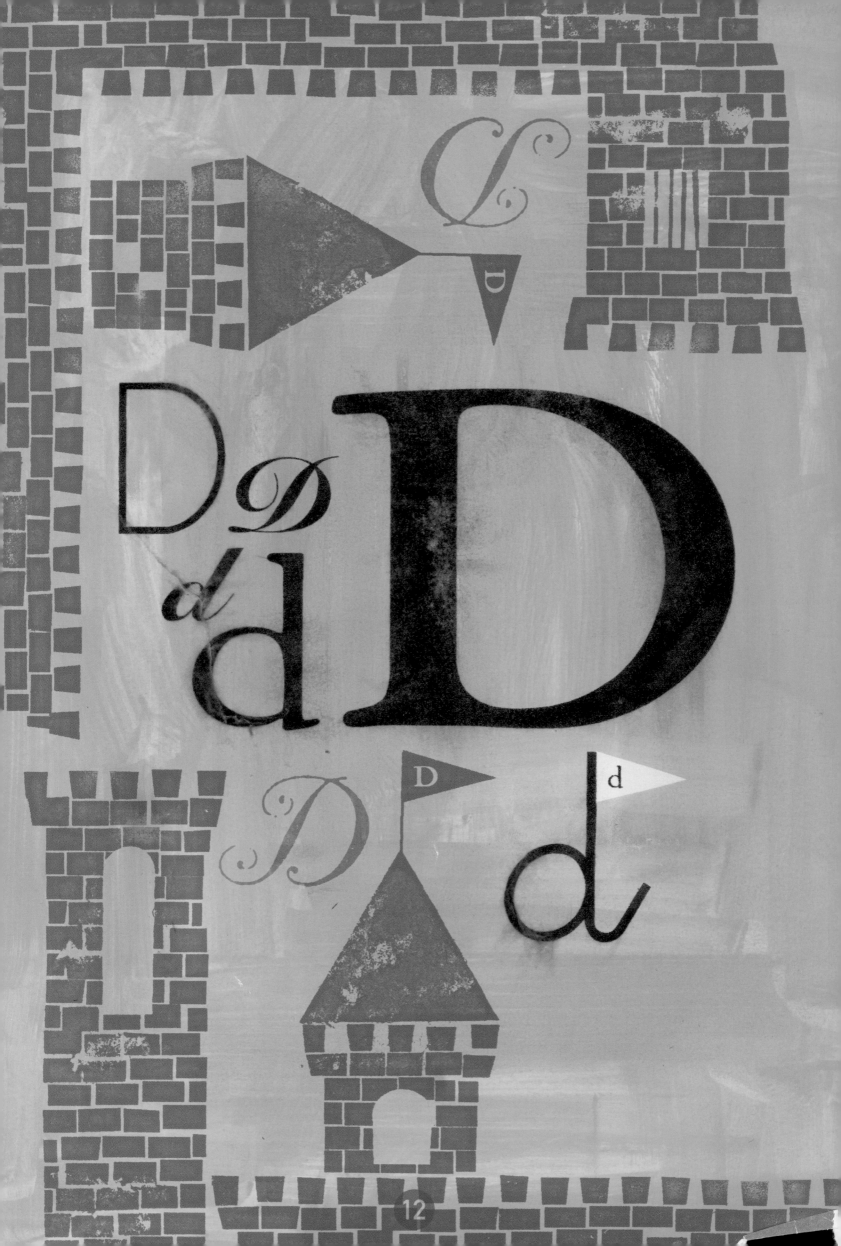

# El dragón
## y la princesa
### (Cuento al revés)

Suenan campanas,
din-dan, din-don,
pues la princesa
raptó a un **dragón**.
—Pero, ¿qué dice?
Din-dan, din-don.
—¡Que una princesa
raptó a un **dragón**!
—Pero, ¡qué cosas!
Din-dan, din-don.
—¡Vaya princesa...!
—¡Vaya **dragón**!
—¡Qué tiempos estos...!
Din-dan, din-don.

13

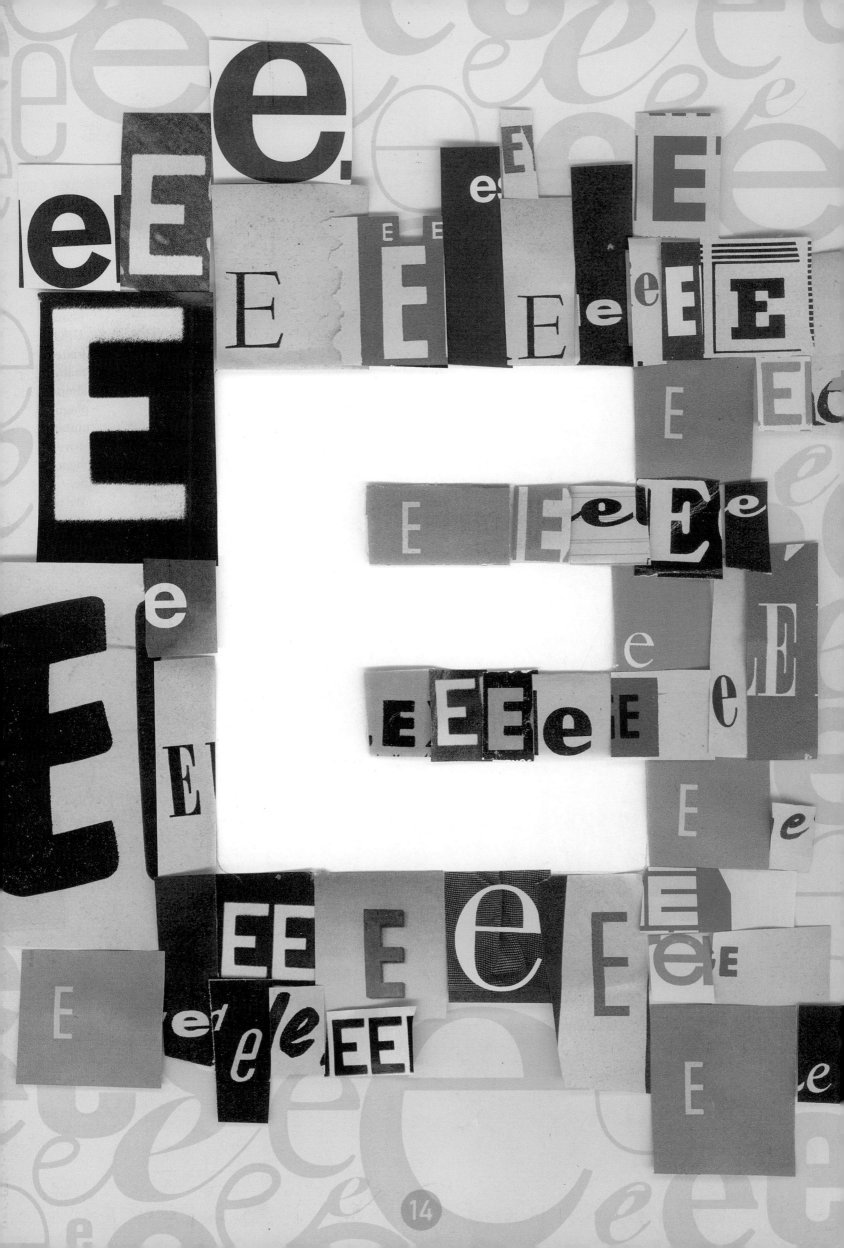

# El elefante bombero

Trompín **elefante**
es un buen bombero.
En cuanto le avisan,
acude corriendo
y en pocos segundos
se encuentra en su puesto.
—¿Lleva usted manguera?
—Yo siempre la llevo
—responde orgulloso
al cabo primero.
Y usando su trompa,
como buen bombero,
Trompín **elefante**
pronto apaga el fuego.

15

F f f f

De color rosa
es su librea
y aunque es **flamenco**
no flamenquea,
porque no canta
ni zapatea;
pero en el aire
revolotea.

El **gato** hizo "miau"
y el perro hizo "gua";
el pollito, "pío";
la **gallina**, "ca".
La vaca hizo "mu",
y el patito, "cua".
La cabra hizo "be",
y la oveja, "ba".
Y el loro, enfadado,
les dijo:

—¡A callar!

19

El hi po del
hipopótamo

¡Hip, hip, hip!

Triste el **hipopótamo**
nadaba en el río.
Tres días llevaba
con un fuerte hipo.
—¡Hip, hip! —repetía

con enorme ruido.
De pronto, a lo lejos,
se escuchó un rugido
y el pobre, del susto,
el hipo ha perdido.

21

# La señora Iguana

La señora Iguana
muy contenta está,
pues en matrimonio
la pidió un caimán.
Y ella está tejiendo,
a orillas del mar,
un velo de novia,
con espuma y sal.

# A la **Jirafa** le duelen las muelas

Tuvo la jirafa
un dolor de muelas
y vino a curarla,
con una escalera,
el viejo dentista
que hay en la pradera.
Peldaño a peldaño,
fue hasta la cabeza.
—Abra usted la boca
todo lo que pueda.
Y con mucho arte
y un licor de hierbas,
curó a la jirafa
su dolor de muelas.

## Peluche **Koala**

En un eucalipto
de un bosque de Australia,
por el tronco arriba,
al ser la mañana,
trepa lentamente
la mamá **koala**.
Lleva un **koalita**
colgado a la espalda,
que es un peluchito
de sedosa lana.
Y mamá le mima
y le canta nanas,
para que se duerma
mientras le amamanta.

## Don Lirón se despierta

Duerme que te duerme,
duerme don **Lirón**.
—¡Que ya es primavera,
no sea dormilón!
—a voces le llama
el señor Tejón.
Y dando bostezos,
lleno de emoción,
sale a la ventana
de su caserón.
—¡Ah, la primavera,
qué hermosa estación!
Y vuelve a dormirse
el buen don **Lirón**.

$L + \ell = L\ell$

$\ell + \ell = \ell\ell$

Este animal
se llama **Llama**,
y no es oveja
aunque da lana.

Y está la pobre
mal educada,
por eso escupe
cuando se enfada.

Pero, al final,
nadie me aclara
por qué la **llama**
se llama **Llama**.

Doña **Mariquita**

1 2 3 4 5

Doña **Mariquita**
salió a pasear.
Anda que te anda,
qué elegante va,
con siete lunares
y un negro sayal.
Se encontró una mano
—qué casualidad—
y los cinco dedos
se puso a contar:
empezó en meñique,
pasó al anular
y, cuenta que cuenta,
llegó hasta el pulgar.
Luego, abrió su capa
y se echó a volar.

## Los trabajos de papá Nutria

Nada que te nada,
¡cuánto nadará!,
por el río abajito
papá **Nutria** va.
Busca pececillos
con que alimentar
a sus dos cachorros,
que esperando están.
Y anda todo el día,
de acá para allá,
pescando y pescando.
¡Cuánto pescará!

# El ñandú y sus pollitos

Tiene el **ñandú**
veinte pollitos,
doce muy grandes
y ocho más chicos.

Durante el día,
todos en fila,
por la pradera
buscan comida.

Y por la noche
les canta nanas,
para que duerman
bajo sus alas.

Los doce grandes
ya se han dormido,
y también duermen
los ocho chicos.

—¿Quién para cazar hormigas
usa su lengua certero?
—Es el **oso** hormiguero.

—¿Quién salta de rama en rama
como si fuera Tarzán?
—El gracioso **orangután**.

—¿Quién se chifla por la miel
y es perezoso y goloso?
—Sin duda alguna es el **oso**.

—¿Y quién pasta por el prado,
y diciendo ¡baaa! se queja?
—Pues quién iba a ser: ¡la **oveja**!

# El general Pez de Espada

—Pez de Espada, ¿qué eres tú?
—Soy Mariscal de la Mar,
General de los Atunes
y Emperador del Coral.
—Almirante **Pez de Espada**,
de los mares, ¿qué eres más?
—Soy el Rey de las Sardinas
y un magnate de la sal.

Y enarbolando su espada,
nadando a todo nadar,
seguido de cien mil peces
con escamas de cristal,
por las aguas de los mares
desfila el Gran General.

41

## Quetzal

Canta el **quetzal** en la selva
su hermosa canción de amor,
mientras sus plumas enseña
para llamar la atención.

Rojo, azul, blanco y morado
y su verde tornasol,
sobre las ramas subido,
más que un ave es una flor.

®

# A la rueda rueda

Rumia la vaca,
devora el león,
engulle la boa
y roe el **ratón**.

Blanca es la paloma,
pardo es el halcón,
cambia de colores
el camaleón.

Veloz es la liebre,
el burro, trotón,
y el que menos corre
es el caracol.

A la rueda rueda,
rueda que rodó.
A la rueda rueda,
la rueda acabó.

## Don **Sapo** y **don Grillo**

Entre luceros dorados,
está la Luna alumbrando,
luneando, luneando.

Y va contento don **Sapo**,
por un camino cantando,
sapeando, sapeando.

Con don Grillo se ha encontrado,
que iba su gri-gri tocando,
grilleando, grilleando.

Y ahora juntos, de la mano,
van por el camino andando,
sapeando y grilleando.

47

tttt

El señor **Topo**, que es ingeniero,
zapa que zapa como un minero.

Con la **tortuga**, no sé qué pasa,
que a cuestas lleva siempre su casa.

Dicen que es sabio el buen **tejón**
porque en su cueva da la lección.

Todos los días, **tigre** y **tigresa**
a sus cachorros ponen la mesa.

Sobre una rama está el **tucán**.
En ese pico, ¿qué guardará?

49

## La urraca ladrona

La **urraca** ladrona me robó un dedal,
y se fue a esconderlo hasta su nidal.
El guardia don Búho fue allí a inspeccionar.
—¡A ver que hay aquí! ¡Qué barbaridad!
Un anillo de oro, pulsera, collar,
veinte lentejuelas... ¡Y aquí está el dedal!
¡Las alas arriba! ¡Y sin rechistar,
que por ser ladrona la voy a encerrar!
Y hoy en una jaula de hierro y cristal,
por tomar lo ajeno, doña **Urraca** está.

**Uve de avión**

El **vencejo** vuela,
vuela el **verderón**,
vuela el **vuelvepiedras**
y vuela el gavión.
Y aunque llevan V,
uve de avión,
ni vuela la **vaca**
ni vuela el **visón**,
pues alas no tienen,
porque aves no son.

# A falta de pan...

Con la uve doble,
¡qué letra más rara!,
animal no encuentro
que con ella vaya.
Por eso, uno invento
que pueda llevarla.

Será el **Wansifeo**,
que tiene tres alas,
patas de avestruz,
cuello de jirafa,
cola de caballo,
cabeza de vaca
y un cuerpo de cerdo
cubierto de escamas.

pero, ¿qué es un xifo?

—Yo tengo un xifo
—dije una vez.
—¿Un xifo, dijo?
¿Y eso qué es?
—¡Que no lo sabe!
—Pues no lo sé.
—Mire en los libros,
y aprenda usted,
que allí lo dice:
¡xifo es un pez!

Montaña arriba
camina el **yak**,
y entre la nieve
contento va.

Y aunque hay ventisca,
no tiene frío
porque de lana
lleva un abrigo.

Por eso sube
por la montaña,
y entre la nieve
su canción canta.

La canción
del **yak**

59

# Zorrín de los bosques

Es el Robín de la fauna
este astuto bandolero.
Escondido entre las ramas,
con su antifaz y sombrero,
bajo la luz de la Luna,
acecha por los senderos.
Es un ladrón muy famoso,
y es terror de los granjeros,
pues con gran habilidad
asalta los gallineros.

# Índice

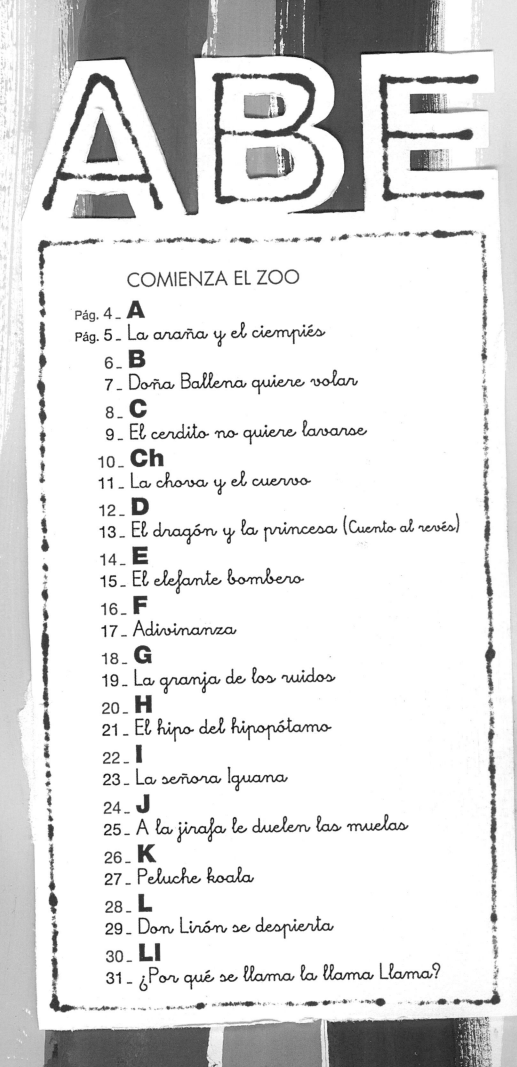

COMIENZA EL ZOO

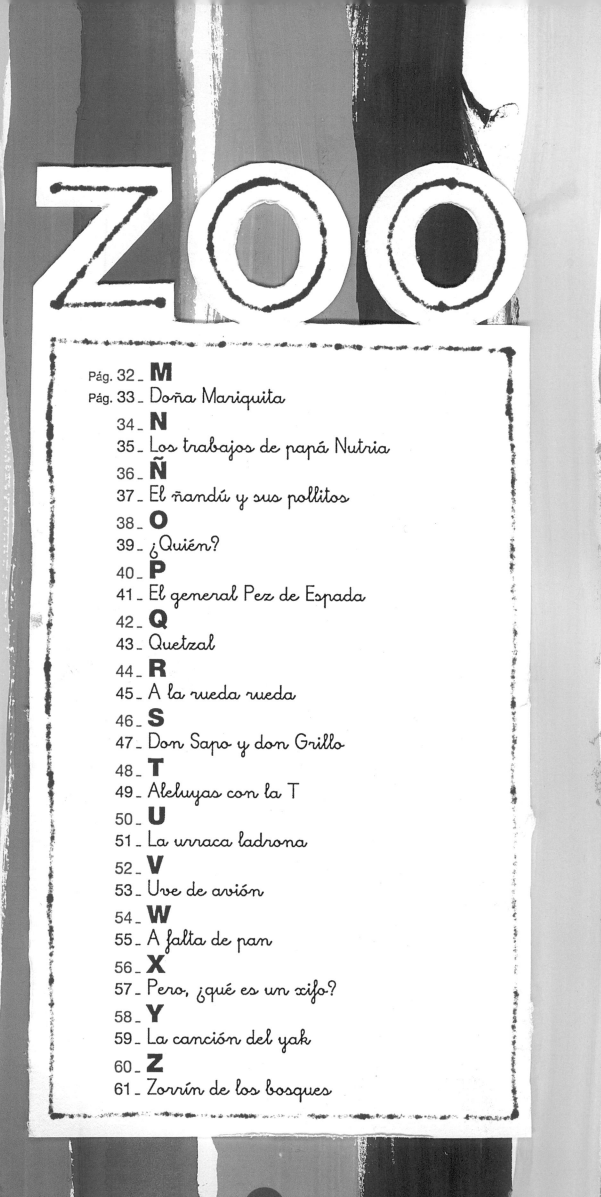

# ZOO